18

Hans Weber   Günter Windfelder
Rund um den Hallwilersee

Hans Weber   Günter Windfelder

RUND UM DEN HALLWILERSEE

AT Verlag Aarau

© 1983
AT Verlag Aarau

Fotos: Hans Weber
Umschlag: AT Grafik
Gesamtherstellung:
Grafische Betriebe Aargauer Tagblatt AG, Aarau

Printed in Switzerland

ISBN-3-85502-108-2

Der Hallwilersee

In des Weltlärms Hast und Gellen
  Denk' an diesen stillen See.
    Freudig spiegeln seine Wellen
      Sonnenlicht und Alpenschnee.

Ihn erfüllt kein stürmisch Tosen,
  Keine farbenwilde Glut,
    Doch die schönsten weissen Rosen
      Tauchen träumend aus der Flut.

Und so sei er heut und immer
  Gleichnis dir und Ebenbild...
    Sonder Prunk und falschen Schimmer,
      Einfach, heiter, klar und mild.

Josef Viktor von Scheffel
während seines Aufenthalts im Brestenberg
im August 1862

Der See

8,5 Kilometer lang und bis zu 1,5 Kilometer breit, bedeckt der Hallwilersee eine Fläche von rund 10,5 Quadratkilometern. An seiner tiefsten Stelle wurden 47 Meter gemessen. Der weitaus grösste Teil seiner Uferzone liegt im Kanton Aargau, nur die südliche Bucht und eine kurze Strecke des Ostufers gehören zum Kanton Luzern. Der See selbst jedoch befindet sich in Besitz der Hallwilstiftung, die auch für die Verwaltung von Schloss Hallwil zuständig ist. Schönheit und Reiz des Hallwilersees offenbaren sich dem Besucher am eindrücklichsten auf einer rund viereinhalbstündigen Rundwanderung dem Ufer entlang. Es führt ein bequemer Fussweg um den See herum, der ständig neue Perspektiven bietet und lediglich auf Luzerner Gebiet sowie – aus Gründen des Natur- und Vogelschutzes – im Bereich des Boniswiler Mooses den ständigen Uferkontakt meidet. Vielfältig zeigt sich auf dieser Wanderung die Seelandschaft. Man findet in der Aabachregion im Norden ein Riedgebiet in all seiner Unberührtheit. Neben steil ansteigenden Rebhängen grüsst das Schlosshotel Brestenberg, ehemals ein Patriziersitz, zum Wanderer herunter. Drei Seezöpfe schieben sich leicht ins Wasser hinaus, sie dienen der Gemeinde Meisterschwanden heute noch als Wappenvorlage. Schatten spenden heimelige Waldstücke an den Grenzen zum Nachbarkanton Luzern, und zusätzliche Abwechslung bieten die Obstbaumkulturen im Aescher Gemeindebann. Fröhliches Leben herrscht auf den beiden Campingplätzen von Tennwil und Mosen, emsiges Treiben auf den verschiedenen Bootsstegen. Immer wieder öffnet sich dem Wanderer ein neuer Ausblick, etwa hinüber zum Homberg, in die Ferne zu den Innerschweizer Alpen oder über den See zu Fischern und Wassersportlern. Man riskiert gerne einen längeren Blick in die zahlreichen Strandbäder und offenen Badeplätze, rastet im Garten einer der beliebten Seegaststätten oder nützt die Gelegenheit zu einer Fahrt mit einem gemieteten Ruderboot. Eine herrliche Aussicht hat man auch von der Höhe herab auf das Boniswiler Moos, ein Naturreservat von einmaliger Schönheit. So hat diese Wanderung rund um den Hallwilersee wirklich ihren speziellen Reiz. Zudem kann man sie beliebig durch eine Fahrt mit dem Kursschiff der Schiffahrtsgesellschaft bereichern oder auch abkürzen. Es gibt acht Anlegestege, so dass man sich leicht die bequemste und passendste Route aussuchen und erst noch mit einem öffentlichen Verkehrsmittel (Seetalbahn, Wohlen–Meisterschwanden-Bahn, Regionalbus) anreisen kann.

Die Landschaft

Sie hat unbestritten ihren eigenen Reiz, diese Landschaft rund um den Hallwilersee, die man so gerne auch die «Visitenstube des Kanton Aargau» nennt. Will man sie in ihrer schlichten Faszination auf sich einwirken lassen, so sollte man, die klare Sicht eines Föhnmorgens im Frühling oder Herbst nutzend, den Weg hinauf zum Eichberg oberhalb des Dorfes Seengen nehmen. Von jeder der zahlreichen Ruhebänke dieses bekannten und allseits beliebten Ausflugszieles bietet sich dem stillen Betrachter, der sich die Zeit nimmt, das Auge in ruhiger Gelassenheit forschen zu lassen, ein so eindrucksvolles Bild von Schönheit und Harmonie, wie er es weiterum suchen muss.

Da liegt er vor uns, dieser zu früher Stunde noch so unberührt wirkende See, gerade so dimensioniert, dass man auch an seinem südlichen Ende noch jede Einzelheit wahrnehmen kann. Wie selbstverständlich schmiegt er sich zwischen die sanft abfallenden Hänge des Lindenbergs im Osten und den etwas steiler aufstrebenden Hügelzug im Westen, der seinen höchsten Punkt im Homberg, auch der Aargauer Rigi genannt, findet. Ringsum den Ufern entlang grüssen heimelige Dörfer. Noch immer liegen sie wie selbstverständlich in diese Landschaft eingestreut, obwohl auch an ihnen die rege Bautätigkeit der letzten Jahre natürlich nicht spurlos vorübergegangen ist. Allem Bedrängenden von aussen zum Trotz haben sie es verstanden, ihren ursprünglichen Charakter zu bewahren. Nur sehr selten, ganz vereinzelt, setzt ein die überall spürbare Harmonie störendes Bauwerk ein Fragezeichen nach menschlicher Vernunft. Begrenzt wird der Blick über diese Landschaft im Süden durch die schneebedeckten Spitzen der Innerschweizer Alpen mit Pilatus und Rigi als markanteste Punkte, und davor, als natürliche Fortsetzung des Hallwilersees die leuchtende Fläche des kleinen Baldeggersees.

Man gerät ins Träumen beim stillen Betrachten dieses Fleckchens Erde, das bei all den deutlichen Zeichen der Besiedlung noch immer irgendwie unberührt, fast jungfräulich wirkt. Es hat sich seinen eigenen Reiz, seine Faszination erhalten, und das auch dann, wenn es aus stiller Beschaulichkeit zum Leben erwacht, wenn es beginnt, die ihm zugewiesene Aufgabe als Naherholungsgebiet zu erfüllen. Nun zeigt der eben noch so verträumt wirkende Hallwilersee dem Betrachter ein anderes, lebendiges, buntes Gesicht. Unzählige Segelboote, die weissen Tücher straff gefüllt, kreuzen scheinbar ziel- und weglos durch die Wellen. Die bunten Segel der Surfer setzen lustige Farbakzente, und dazwischen ziehen, gleichsam als ruhende Pole für das Auge, die weissen Passagierschiffe unbeirrt ob all dem Gewimmel ihren Kurs. Leben, pulsierendes Leben herrscht nun in den Strandbädern und den Seerestaurants, beliebte Erholungsziele nicht nur für Aargauer, sondern auch für Basler und Zürcher, ja sogar Besucher von jenseits der Landesgrenze. Und Leben herrscht nun auch auf den Zubringerstrassen beidseits der Ufer. Schier endlos scheint der Strom von Fahrzeugen, eine diesmal eher unerwünschte, aber logische Begleiterscheinung des Naherholungsbetriebes.

Ein ebenso eigenständiges wie liebenswertes Völklein bilden die Menschen rund um den Hallwilersee. Sie wissen genau, was sie an ihrer Heimat haben, sie sind stolz auf diese ihre Hallwilerseelandschaft und reagieren recht unwirsch, will man ihnen von aussen her gerade in dieser Beziehung Vorschriften machen. Weil man sehr gastfreundlich ist, hat man mit Recht kein Verständnis für unliebsame Begleiterscheinungen dieses Erholungsbetriebes, für Zivilisations-Hinterlassenschaften, wie sie unbedachte und rücksichtslose Zeitgenossen immer wieder zu «vergessen» wissen. Als Naherholungsgebiet vom Kanton propagiert, weist die Hallwilerseelandschaft nämlich noch lange nicht die dafür notwendige Infrastruktur auf. Nicht selten wird dann jedes nur mögliche wie auch unmögliche Fleckchen Land als Parkfläche zweckentfremdet, werden blühende Wiesen und sogar Fruchtfelder in Lagerplätze umgewandelt, gedanken- und scheinbar hemmungslos hinsichtlich des Schadens, der damit angerichtet werden kann.

So leidet wie in den meisten Erholungsgebieten auch die Hallwilerseelandschaft in der Hochsaison unter der Unvernunft des Menschen, der nicht selten die Einstufung «Naherholungsgebiet» mit Rummel- und Tummelplatz zu verwechseln scheint. Gerade weil für die Menschen um den Hallwilersee die Gastfreundschaft etwas so Selbstverständliches ist, wünschen sie sich, dass diese nicht allzu stark und unbesonnen strapaziert wird. So hat denn unser Hallwilersee zwei Gesichter: das eine ruhig und verträumt, wie es schon der deutsche Dichter Josef Viktor von Scheffel beschrieben hat, in Zeiten, wenn die Einheimischen unter sich sind; das andere lebhaft, pulsierend, wenn die Besucherströme die Ufer bevölkern. Ruhe und Beschaulichkeit findet man aber auch dann noch auf den zahlreichen Wanderwegen auf den Höhen ringsum, auf dem Linden-, Rieti- und Homberg. Im Schatten der Wälder geniesst man den gelegentlichen Blick auf das bunte Leben auf und um den See. Sie ist wirklich wie geschaffen zum Naherholungsgebiet, diese Landschaft. Hier kann jedermann auf die ihm zusagende Weise den Stress des Alltags vergessen, als Badegast, Wassersportler, Restaurantbesucher oder als Spaziergänger und Wanderer.

Probleme

Wie den meisten Gewässern unseres Landes haben die Exzesse der modernen Wohlstands- und Industriegesellschaft auch dem Hallwilersee in den letzten Jahren und Jahrzehnten stark zugesetzt. Immer wieder auftretende Algenbildung zeigte an, dass der Sauerstoffhaushalt des Sees nicht mehr in Ordnung war, die Phosphorzufuhr ein weit grösseres Ausmass angenommen hatte, als die Natur durch die normale Zirkulation und Belüftung bewältigen konnte. Dieses negative Zeichen der Zeit wurde von den aargauischen Seeufergemeinden frühzeitig erkannt. Sie installierten bereits vor zwanzig Jahren eine Ringleitung, welche die Abwässer der Dörfer aufnimmt und einer gemeinsamen Reinigungsanlage im Seenger Schlatt zuführt. Allerdings konnte diese Massnahme solange keinen nachhaltigen Erfolg bringen, bis sich nicht auch die luzernischen Seegemeinden und mit ihnen die Region zwischen Baldegger- und Hallwilersee entschlossen, eine ähnliche Anlage in Betrieb zu nehmen. Dies ist nun vor einigen Jahren geschehen. Durch seine Lage bildet der Hallwilersee das Auffangbecken für alles Wasser, welches aus dem stark phosphorverseuchten Baldeggersee abläuft. Gegenwärtig läuft ein Pilotprojekt, diesem kleineren See durch zusätzliche Belüftung und Zwangszirkulation eine allmähliche Gesundung zu bringen. Hat dieser Versuch Erfolg, ist ein ähnliches Projekt auch für den Hallwilersee geplant. Es werden jedoch noch jahrelange Bestrebungen nötig sein, bis man den Wasserhaushalt wieder als gesund bezeichnen darf.

Ein weiteres Problem, das die Region in nächster Zeit stark beschäftigen wird, ist die Sanierung der Seetalbahn, die teilweise als Strassenbahn in einer Nord–Süd-Achse Lenzburg mit Luzern verbindet. Vor einigen Jahren hat der Bundesrat den Ausbau dieser Strecke am Ort, das heisst in erster Linie die Eliminierung der zahlreichen und gefährlichen Niveauübergänge beschlossen. Allerdings ist man zum gegenwärtigen Zeitpunkt im Aargau über das Planungsstadium noch nicht hinausgekommen, im Gegensatz zum Kanton Luzern, wo bereits einige Sanierungsarbeiten abgeschlossen, andere im Gange sind. Vor allem den Gemeinden Beinwil am See, Boniswil, Hallwil und Seon wird die Sanierung der Seetalbahn grosse Umtriebe bringen, nicht zu reden von der finanziellen Belastung, die dieses Unterfangen in den nächsten Jahren und Jahrzehnten für sie bringt.

Strassenmässig ist die Region Hallwilersee sehr gut erschlossen. Das in Zeiten strassenbaulicher Planungseuphorie ausgearbeitete Projekt einer vierspurigen Expressstrasse entlang dem Ostufer des Sees wurde wieder zu den Akten gelegt.

Die Dörfer

Zehn Gemeinden sind es, die aufgrund ihres Seeanstosses oder aber wegen ihrer Lage zur Hallwilerseeregion zu zählen sind. Sie alle haben sich – wie bereits erwähnt – den ihnen eigenen Charakter erhalten. Die Bewohner verstanden es sehr gut, den allgemeinen Bauboom so zu steuern, dass die Landschaft nicht allzu sehr in Mitleidenschaft gezogen wurde.

Am Nordende des Sees liegt das stattliche Wohndorf *Seengen*. Zwar haben auch hier Industrie, Handwerk und Gewerbe Einzug gehalten, doch spielt nach wie vor die Landwirtschaft eine nicht zu unterschätzende Rolle. Bei der Planung wurde bewusst auf Industriezonen verzichtet, um den Charakter Seengens als Wohndorf, mit ausreichenden Arbeitsplätzen für die einheimische Bevölkerung, zu wahren. Eine Besonderheit sind die alljährlich im Frühjahr und Herbst stattfindenden Vieh- und Warenmärkte. Seengen hat auch seinen eigenen Wein, den Brestenberger, der an landschaftlich reizvoll gelegenen Uferhängen gedeiht. Das Dorf kann mit allen Schulstufen einschliesslich Bezirksschule aufwarten.

Über eine lange Uferzone verfügt die Gemeinde *Meisterschwanden* zusammen mit dem hauptsächlich landwirtschaftlich orientierten Ortsteil Tennwil. Es gibt einige mittlere und kleinere Industrieunternehmen, doch liegt die Bedeutung Meisterschwandens ebenfalls in seiner einzigartigen Wohnlage, die in den letzten Jahren eine grosse Bautätigkeit auslöste. Das Dorf ist ein beliebtes Ausflugsziel, vor allem wegen der beiden Seerestaurants und der grossen Strandbäder.

Nur ein kurzes Stück Ufer gehört zu der oberhalb Meisterschwanden liegenden Gemeinde *Fahrwangen*. Auch hier existieren einige Industrie- und Gewerbeunternehmen, die der Bevölkerung Arbeit geben. Ein grosser Teil nimmt jedoch die tägliche Fahrt in die Freiämter Metropole Wohlen auf sich. Zahlreiche alte Häuser künden noch heute von der Bedeutung, welche die Landwirtschaft einst in diesem Dorfe hatte. Heute zählt man noch 17 Bauernbetriebe. Fahrwangen ist Endpunkt der Wohlen-Meisterschwanden-Bahn. Zusammen mit Meisterschwanden, Sarmenstorf und der kleinen Lindenberggemeinde Bettwil ist das Dorf zu einer Schulregion zusammengeschlossen, in der alle Unterrichtszweige angeboten werden.

Am südlichen Ende des Sees sind die beiden Luzerner Gemeinden *Aesch* und *Mosen* zu finden. In Aesch dominiert die Landwirtschaft, doch gibt es auch Industrieunternehmen sowie Gewerbebetriebe. Auffallend sind die schönen Obstbaumbestände. In neuerer Zeit wird auch Tabak angebaut. Die Gemeinde Mosen, die kleinste am See, wird dominiert von einem grossen Campingplatz, der sich allgemeiner Beliebtheit erfreut und in der Saison die Einwohnerzahl sprunghaft ansteigen lässt. Immerhin ist Mosen mit seinem Bahnhof der Seetallinie verkehrstechnisch gut erschlossen, während Aesch über eine Buslinie Gelfingen–Fahrwangen–Schongau zu erreichen ist.

Ursprünglich ebenfalls eine rein landwirtschaftliche Siedlung, ist *Beinwil am See* dank seiner herrlichen Lage am See und am Fusse des Homberg zu einer sehr gefragten Wohngemeinde geworden. Das Dorf wurde vor allem durch seine Zigarrenindustrie bekannt, die auch heute noch eine Rolle spielt. Vom Frühling bis Herbst zirkuliert der Ausflugsverkehr in Beinwil am See, Anziehungspunkte sind vor allem das Seerestaurant und das grosse Strandbad, in dessen Nachbarschaft auch die einzige Jugendherberge der Region zu finden ist. Beinwil hat eine gemeinsame Sekundarschule zusammen mit dem Nachbardorf Birrwil, die Bezirksschüler werden in Reinach unterrichtet.

Als Berggemeinde kann man *Birrwil* mit seinen steilen Hängen bezeichnen. Die Häuser stehen hauptsächlich auf vier Terrassen. Während Jahrhunderten wurden diese Abhänge mühsam landwirtschaftlich genutzt, so dass man in Nachbarorten spottete, die Birrwiler hätten aus diesem Grunde ein kürzeres und ein längeres Bein. Heute ist die Zahl der Bauernbetriebe auf 24 zusammengeschrumpft, daneben gibt es etwas Industrie und Gewerbe sowie ein ebenfalls sehr beliebtes Seerestaurant. Auch in Birrwil wurde in den letzten Jahren viel gebaut.

Den Hauptteil des *Boniswiler* Seeanstosses beansprucht das grosse, bereits erwähnte Naturreservat, dessen Pflege die Gemeinde alljährlich vor einige Probleme stellt. Es gab eine lebhafte Bautätigkeit in Boniswil. So entstand im Eichholz ein völlig neues Quartier, ein «Dörfli im Dorf», doch fügt sich das Ganze gut in die Landschaft ein. Boniswil ist seinem Bestreben, eine schöne Wohngemeinde zu sein und zu bleiben, immer treu geblieben. Man findet noch 15 Landwirtschaftsbetriebe sowie vier kleinere Fabriken und einige Gewerbeunternehmen. Die Schüler der Oberstufe gehen nach Seengen zum Unterricht.

Die kleine Gemeinde *Hallwil* verfügt zwar über kein Seeufer, muss aber dennoch zur Hallwilerseelandschaft gezählt werden, grenzt ihr Gemeindebann doch an das benachbarte Wasserschloss gleichen Namens. Das Dorf hat in letzter Zeit stark unter dem Moloch Verkehr gelitten. Wegen seines Charakters als Strassendorf mussten immer wieder Häuser der Verkehrssanierung weichen, so dass man heute keinen eigentlichen Kern mehr findet. Die Gemeinde wirkt durch die schnurgerade, breite Strasse und das

Bahntrassee fast wie entzweigeschnitten. Dennoch, oder vielleicht gerade deswegen, sind die Hallwiler ein eigenes Völklein mit einem ausgeprägten Zusammengehörigkeitsgefühl und Brauchtumsbewusstsein.

Bleibt noch die Gemeinde *Leutwil,* auf dem Berghang über Boniswil gelegen, mit einem herrlichen Blick auf den Hallwilersee. Obwohl das Dorf politisch zum Bezirk Kulm gehört, orientiert es sich doch eher zum Seetal hin. Es gibt nur einige kleinere Industrieunternehmen, so dass der Grossteil der Bevölkerung auswärts der Arbeit nachgehen muss. Seit etwa zehn Jahren nimmt – eine grosse Sorge der Behörden – die Bevölkerungszahl ständig ab. Man hat nun spezielle Massnahmen eingeleitet, um dem etwas entgegenzuwirken.

Leben und Brauchtum

Die Seetaler sind, wie erwähnt, ein sehr umgängliches Völklein, das sich auch Fremden gegenüber recht aufgeschlossen gibt. Es bereitet dem Neuzuzüger keinerlei Schwierigkeiten, sich einzuleben, wenn er sich nur ein wenig überwinden kann, selbst die Initiative zu ergreifen. Das Vereinsleben blüht in den Dörfern rund um den Hallwilersee, und so ist es jedermann möglich, sich seinen Hobbies entsprechend zu engagieren. Ob nun zur Körperertüchtigung in Turn- und Sportvereinen, im kulturellen Bereich in Chören und Musikgesellschaften, oder auf züchterischen, sammlerischen und anderen Gebieten, das Angebot ist reichhaltig, und man ist – das darf ohne Übertreibung bestätigt werden – überall herzlich willkommen.

Sehr stark sind die Seetaler Vereine aber auch im Unterhaltungssektor. Für die meisten gehört es zur festen Tradition, mindestens einmal pro Jahr zu einem Unterhaltungsabend einzuladen. Nicht selten wagt man sich dabei auch auf die Bretter, die die Welt bedeuten sollen, und es gibt Vereins-Theaterabende, wie etwa die der Leutwiler Musikanten oder der Birrwiler Sänger, die auf eine lange Tradition zurückblicken können und sich entsprechender Beliebtheit erfreuen. Einen bekannten Namen hat die Theatergesellschaft Beinwil am See, die alle zwei Jahre eine Operetteninszenierung mit Laiendarstellern auf die Beine stellt und mit Stücken wie «Polenblut», «Czardasfürstin» oder «Die gold'ne Meisterin» beachtliche Publikumserfolge erzielte. Fast Berühmtheit erlangt haben – will man den Bogen um den Hallwilersee ein wenig weiter spannen – die Seoner Solistenabende. Aus aller Welt gastierten bereits berühmte Künstler in der reformierten Kirche von Seon. Namen wie etwa Festival Strings Lucerne, Gustav Leonhard oder Peter Schreier sind für das zahlreiche Stammpublikum seit langem zur Selbstverständlichkeit geworden.

Einer grossen Beliebtheit erfreuen sich im Seetal die Jugendfeste, und das nicht nur beim Nachwuchs. Im unterschiedlichen Turnus – alle zwei, vier oder sogar nur acht Jahre – werden sie in den meisten Dörfern noch vor den Sommerferien durchgeführt. Der Phantasie sind dabei an den Festzügen keinerlei Grenzen gesetzt. Vorbei sind in den meisten Gemeinden die Zeiten, da die Mädchen in weissen Kleidern, mit Blumen im Haar, die Buben in ihren Sonntagsanzügen hinter den Musikgesellschaften durch die Strassen zogen. Heute wetteifern viele Klassen untereinander mit bunten und lebendigen Umzugsthemen. Jugendfeste sind echte Dorffeste, an denen das Gefühl von Gemeinschaft und Zusammengehörigkeit deutlich zu spüren ist. In einzelnen Dörfern wie Seengen und Egliswil herrscht noch der schöne Brauch der Jugendfestbögen. Ortsteile und Quartiere wetteifern förmlich untereinander, diese Bögen so originell und farbenprächtig wie nur immer möglich zu gestalten. An vielen Abenden vorher sitzt man zusammen, um diese Werke gemeinsam vorzubereiten. Hier werden dann auch alte Freundschaften aufgefrischt, neue Beziehungen hergestellt, man kommt sich näher im gemeinsamen Planen und Werken.

Zwar kennt nun ausgerechnet die kleine Gemeinde Hallwil das Jugendfest nicht, doch werden gerade in ihr die Mittwinterbräuche noch hochgehalten wie sonst an keinem andern Ort im Seetal. Innerhalb von einem Monat spielt sich ein ganzer Zyklus von Bräuchen ab. Es beginnt mit dem Chlauschlöpfen, das seit einigen Jahren in einem von den Burschen des Dorfes organisierten Wettbewerb seinen Höhepunkt hat. Nach vorchristlichem Glauben wollte man mit diesem Geisselchlöpfen das Böse vertreiben. Am zweiten Donnerstag im Dezember folgt das Chlausjagen. Sechs dreizehn- bis vierzehnjährige Burschen, die die Kunst des Chlauschlöpfens beherrschen müssen, bilden eine Art Geheimbund. Die Verkleidungen, Larven und Requisiten, die sie tragen, sind Eigentum der Vereinigung zur Erhaltung der Hallwiler Volksbräuche. Zur Gesellschaft gehören «de Herr», «d Jumpfere», «de Joggeli» «de Root», «de Möörech» und «de Wächter». Bei Einbruch der Dunkelheit rasselt die Horde durchs Dorf und begehrt Einlass in die Häuser. Herr und Jumpfere verteilen Gaben an die Kinder, etwelche Sünder werden von Joggeli und Wächter ins Gebet genommen, für ganz hartnäckige Taugenichtse stehen Root und Möörech bereit. Am Heiligen Abend und am Weihnachtstag zieht «s Wiehnachtschind» mit seinen Begleiterinnen durchs Dorf. Auch sie besuchen die Familien, um ein Lied vorzutragen. Dreizehn- und vierzehnjährige Mädchen bilden diese Gruppe, von denen das Weihnachtskind als Mittelpunkt, dicht verschleiert, mit einer Krone auf dem Kopf, während des ganzen Besuches völlig stumm bleibt. Einheitlich lange, rosafarbene Gewänder tragen die Begleiterinnen dieses Symbols. In Hallwil verabschiedet man das alte, begrüsst man das neue Jahr mit dem «Silväschtertrösche». Dabei erfordert die Handhabung des Dreschflegels neben Geschicklichkeit auch Taktsicherheit. Mit Hilfe altbewährter Dreschsprüche wird dabei ein Holzladen in den unterschiedlichsten Rhythmen bearbeitet. Hell erleuchtet wird diese Szene in der dunklen Winternacht durch ein grosses Holzfeuer. Schliesslich enden diese Mittwinterbräuche in Hallwil mit dem Bärzelitreiben, ausgeführt von 15 erwachsenen, ledigen Burschen, zu dem sich alle Jahre viel Volk einfindet. In Dürre und Grüne unterteilt, zieht die Gruppe durchs Dorf und treibt allerhand Allotria, wobei natürlich bei den weiblichen Zuschauern eine Umarmung vom «Stächpalmig» oder «Tannreesig» besonders «gefragt» ist. Zu den Grünen zählen der «Herr», die «Jumpfere», der «Speelchärtler», auf dessen Gewand rund 700 französische Jasskarten genäht sind, der «Tannreesig» und der «Stächpalmig». Dürr sind dagegen «dr Alt», «d Löötsch», «de Lompig», «de Straumaa» und «de Hobuspöönig». Daneben gibt es noch ein Kamel mit seinem Treiber, das sich ob seiner Kapriolen besonderer Beliebtheit erfreut.

Bleibt noch ein weiterer Brauch zu erwähnen, der in zwei Dörfern des oberen Seetals, in Fahrwangen und Meisterschwanden, beheimatet ist: der Meitlisonntag. Einer geschichtlich nicht bestätigten Überlieferung nach soll im Villmergerkrieg von 1712 eine Gruppe von Frauen und Meitli aus den beiden Dörfern den bedrängten bernischen Truppen gegen die Luzerner zu Hilfe gekommen sein. Zum Dank dafür erhielten sie das Recht, drei Tage im Jahr das Regiment zu führen. Und so beginnt denn jeweils am zweiten Donnerstag im Januar ein fröhlicher Spuk. Nach den Generalversammlungen – in beiden Dörfern sind die Frauen und Meitli zu Vereinigungen zusammengefasst – schwärmen die Vertreterinnen gruppenweise, mit Grasbögen und Körben bewaffnet, in die Wirtschaften aus. Beim Tanz wird ein Opfer ausgewählt, in den Grasbogen gestossen, aufgehoben und – auf geht's – ins nächste Restaurant, wo sich der auf diese Weise Geehrte «freikaufen» kann. Am Sonntag erlebt man ein lustiges Maskentreiben, wobei aber streng darauf geachtet wird, dass nur Frauen und Meitli, und hier auch wieder nur die Einheimischen, maskiert und kostümiert erscheinen. Selbstverständlich wird überall getanzt, selbstverständlich ist «Damenwahl» propagiert, und dies auch am Montag, wenn das heitere Treiben mit dem Verteilen eines grossen Eierrings sein Ende findet. Allerdings nicht, ohne dass die «Regentinnen» wieder allerlei Allotria getrieben haben. Nicht selten werden dabei spezielle Dorfgeschehnisse auf lustige Weise karrikiert. Höhepunkt des Meitlisonntagsbrauchs ist der alle drei Jahre von den Vereinigungen beider Dörfer organisierte Umzug, der jeweils viel Volk anlockt, keinesfalls aber mit einem Fasnachtsumzug verglichen werden darf. Prächtige Themen wurden da in den letzten Jahren bunt und phantasievoll dargestellt, und sicher erinnern sich alle Besucher noch mit Vergnügen an Umzüge wie «Die Emanzipation der Frau», «Sternbilder», «Sprichwörter», «Der Kanton Aargau und seine elf Bezirke», «Märchen» oder «Schwizer Vereinsläbe».

Schloss Hallwil

Das markanteste und bekannteste Bauwerk der Region ist das sehr gut erhaltene Wasserschloss Hallwil, eine der schönsten Anlagen dieser Art in unserem Land. Hallwil ist die einzige aargauische Burg, die seit ihrer Gründung in Besitz des gleichen Geschlechts geblieben ist. Heute noch sind die von Hallwil im 1925 eingesetzten Stiftungsrat vertreten. Das Schloss liegt auf zwei Inseln, die von einem künstlichen und zwei natürlichen Armen des Aabachs begrenzt werden. Es steht heute dem Besucher zu einem ebenso reizvollen wie informativen Rundgang zur Verfügung. Im vorderen Teil erhält man durch entsprechende Möblierung einen Einblick in die Wohnverhältnisse früherer Zeiten, zahlreiche Bilder und eine riesige Ahnentafel laden zum Betrachten und Sinnen. Der hintere Teil des Schlosses dient vor allem Museumszwecken. In einer permanenten Ausstellung werden Einrichtungs- und Gebrauchsgegenstände aus dem bäuerlichen Leben alter Zeit vorgestellt, die aus den umliegenden Dörfern, vor allem aus Hallwil zusammengetragen wurden. Ergänzt wird das Gebotene durch Sonderschauen besonderer Art, deren Objekte aber ebenfalls aus der näheren Umgebung stammen. Unbedingt Zeit nehmen sollte man sich bei seinem Rundgang durchs Schloss zu einem langen Blick aus den Fenstern des vorderen Hauses auf die wunderschöne Aabachlandschaft sowie aus dem hinteren Wohnhaus auf den Schlosshof.

Als erste Anlage des Schlosses entstand auf der hinteren, künstlich angelegten Insel ein fester Wohnturm, der später zur Stammburg derer von Hallwil wurde. Dies dürfte zu Beginn des 11. Jahrhunderts gewesen sein. Die vordere Insel war damals noch weitgehend unbebaut. Im Schutz dieses Bergfrieds entstand einige Zeit später ein zweigeschossiger Palas, der heute noch im Nordteil des hinteren Hauses enthalten ist. Noch im gleichen Jahrhundert oder wenige Zeit später fügte man dem Palas an seiner südlichen Schmalseite ein Torhaus an, verband das so erweiterte Gebäude mittels Mauern mit dem Wohnturm, wodurch ein Burghof geschaffen wurde. Zu Beginn des 13. Jahrhunderts begann man dann, auch die vordere Insel in das Befestigungssystem einzubeziehen. Es wurde eine Ringmauer mit Tor um die vordere, eine zweite um die hintere Insel gebaut und weitere Wehranlagen erstellt. Mitte des gleichen Jahrhunderts liessen die Hallwil auf der vorderen Insel einen dreigeschossigen, hofseitig offenen Torturm errichten sowie an der gefährdetsten Stelle einen weiteren Rundturm, in dessen Untergeschoss das Verlies untergebracht wurde. Schliesslich entstand noch eine Kapelle, von der heute nur noch die Grundmauern erhalten sind. Auch der

Palas auf der hinteren Insel wurde erweitert. Mitte des 14. Jahrhunderts gab es vorne zwei weitere Wohnbauten, ein Sess- und ein Gästehaus. 1380 suchte ein Brand den hinteren Teil des Schlosses heim, wobei der obere Teil der Ostmauer des alten Palas in den Aabach stürzte. Wenige Jahrzehnte später wurde die Burg anlässlich der Eroberung des Aargaus durch die Berner in Brand gesteckt, diesmal traf es die beiden vorderen Häuser, vor allem das Sesshaus. Man benützte es fortan nur noch als Lagerhaus und richtete das südliche Gebäude als Wohnhaus ein. Im 16. Jahrhundert haben die Besitzer ein Kornhaus mit Stallungen errichtet, vom 17. bis zum 20. Jahrhundert hatte die Burg dann das Aussehen eines spätgotischen Wasserschlosses. In der Folge wurden einzelne Räume immer wieder den Bedürfnissen entsprechend umgebaut. Zwischen 1800 und 1820 liess man den dreigeschossigen Bergfried, der Risse aufwies, bis auf den untersten Stock abtragen. Grössere Arbeiten wurden in der zweiten Hälfte des 19. Jahrhunderts an die Hand genommen, so 1871/74 der Umbau des baufälligen vorderen Hauses in neugotischem Stil. 1904/05 wurden am Schloss Wiederherstellungsarbeiten ausgeführt, 1910 bis 1913 fanden Ausgrabungen statt, und von 1914 bis 1916 erfolgte im Rahmen einer Gesamtrenovation die Rückführung des vorderen Hauses in den Zustand vor 1871.

Eng verbunden mit dem Schloss Hallwil ist auch das Geschlecht seiner Besitzer, der Herren von Hallwil. Erstmals wird dieser Name im Jahre 1113 mit einem lenzburgischen Dienstmann Diethelmus von Halwile erwähnt. Der Aufstieg des Geschlechtes begann mit Johannes I. (gest. 1348). Seine vier Söhne schlossen 1369 einen gegenseitigen Vermächtnisvertrag ab, um die Stammburg den Nachkommen zu sichern. Dieser Brief wurde dreimal, 1458, 1493 und 1612, erneuert. Im Laufe der Jahre und Jahrzehnte entstand die Herrschaft von Hallwil, die sich in ihrer Blütezeit aus den hohen und niederen Gerichten im Burgbezirk, auf dem See sowie zu Fahrwangen-Tennwil und aus den niederen Gerichten zu Seengen, Egliswil, Alliswil, Meisterschwanden und Leimbach zusammensetzte. Der bekannteste von Hallwil war sicher Johannes VII., der sich in der Schlacht von Murten als Anführer der bernischen Vorhut einen Namen machte. Er erwarb 1485 Burg und Herrschaft Trostburg, während sein Bruder Walther VIII. das Schlösslein Schafisheim in Besitz nahm. Mit dem Gericht Hendschiken zusammen blieb die Herrschaft von Hallwil bis 1798 im Besitz der Herren gleichen Namens. Alle anderen, zum Teil ausgedehnten Gerichtsbezirke gingen im Laufe der Zeit durch Erbgang verloren oder wurden veräussert. Entgegen den Bestimmungen des Stammbriefes gelangte die Burg mit ihren Gerichtsrechten über die Töchter Hans Rudolfs von Hallwil – er hatte den Landsitz

Brestenberg erworben – in den Besitz der Familie von Breitenlandenberg. Es entwickelte sich in der Folge ein langwieriger Erbstreit, der das Hallwilsche Vermögen stark in Mitleidenschaft zog. Erst unter Johannes gelangte die Familie 1742 wieder in den Besitz ihres Stammschlosses. Erinnert sei hier auch an zwei Frauen, die den Namen Hallwil trugen und ebenfalls in die Geschichte eingegangen sind. Da ist zunächst Franziska Romana (1756 bis 1836), die aus einem nach Böhmen ausgewanderten Zweig der Familie stammte und nach einer romantischen Entführung gegen den Willen ihrer Eltern sowie des kaiserlichen Hofes in Wien ihren Cousin Johannes Abraham (1746 bis 1779) heiratete. Nach dem frühen Tod ihres Mannes machte sie in rund fünfzigjähriger Witwenschaft Schloss Hallwil zu einem Zufluchtsort der Armen und zu einem Treffpunkt bedeutender Männer, darunter auch Heinrich Pestalozzi. Heute noch mit Respekt genannt wird der Name Wilhelmina von Hallwil geb. Kempe. Sie war die Tochter eines schwedischen Industriellen und die Gattin Walters von Hallwil. Wilhelmina erwarb sich grosse Verdienste um die Restaurierung des Schlosses. Nach dem Tode ihres Gatten sicherte sie den dauernden Erhalt der Stammburg durch die Errichtung einer Stiftung.

Kirchen und Sehenswürdigkeiten

Besonders auffallend ist im Seetal, dass nahezu alle Kirchgemeinden Gotteshäuser besitzen, die unter Denkmalschutz stehen und weithin sichtbar ins Land grüssen.

Die Kirche von Seengen wurde von Baumeister Jost Kopp aus Beromünster in den Jahren 1820/21 aus Tuffstein errichtet, der aus dem Steinbruch von Egliswil herangeschafft worden war. Ihre Vorläuferin, ein zur Hauptsache spätgotischer Bau, der 1496 eingeweiht wurde, musste abgetragen werden, da sie trotz verschiedener Renovationen baufällig geworden war. Bei umfassenden Gesamtrenovationsarbeiten am Seenger Gotteshaus im Jahre 1969 führte man Ausgrabungen durch, die es ermöglichten, einen genauen Plan der früheren gotischen Kirche zu erstellen. Auch fand man u.a. eine halbrunde Apsis aus romanischer Zeit sowie Einzelstücke aus der Römerzeit. Bei der von Kopp erbauten Kirche handelt es sich um einen Querbau, der im Grundriss innen ein Oval, aussen ein gestrecktes Achteck bildet. Der Turm trägt, vielleicht in Anlehnung an die alte Kirche, einen Kuppelhelm.

Eine Zwillingsschwester zur Seenger ist die zwei Jahre vorher vom gleichen Baumeister erstellte Kirche von Meisterschwanden. Sie unterscheidet sich lediglich durch geringere Ausmasse. Das ebenfalls erst vor kurzer Zeit völlig restaurierte Gotteshaus gehört der erst 1817 gegründeten reformierten Pfarrei Fahrwangen-Meisterschwanden und steht in der Mitte zwischen beiden Gemeinden.

Eine umfangreiche Gesamtrenovation wurde in den Jahren 1979/80 der katholischen Pfarrkirche St. Lucia in Aesch zuteil. Sie liegt etwas abseits vom Dorf rund 200 Meter vom Seeufer entfernt. Erstmals wurde ein Gotteshaus in Aesch im Jahre 1275 erwähnt. Es handelte sich dabei um eine Patronatskirche der Johanniterkommende Hohenrain, doch müssen sich die dortigen Herren wenig um ihre Pflichten gekümmert haben. Mehrmals wurden sie gemahnt, das Gotteshaus nicht verkommen zu lassen. Zur Zeit der Reformation, 1529, bekannten sich auch die Aescher zur neuen Lehre und zerstörten die Altäre. 1560 muss ein Um- oder Neubau der Kirche durchgeführt worden sein, doch befand sie sich bereits 1626, laut Berichten, in schlechtem Zustand. 1791 wurde die Aescher Kirche abgebrochen und durch das heutige Gotteshaus ersetzt. Dabei hat man das Schiff um einige Meter nach Osten verlegt und den Chor neu gebaut. Der Turm wurde 1908 errichtet. Schon in den Jahren 1935 und 1963 wurden Restaurationen an der Aescher Kirche durchgeführt.

Bereits im 13. Jahrhundert wurde in Birrwil eine Kirche vom sogenannten Kreuzzugszehnten errichtet. Diese fand dann im 14. Jahrhundert eine gotische Umgestaltung, vielleicht wurde sie sogar völlig neu gebaut. Weitere Arbeiten an dem Gotteshaus werden dann aus dem 16. Jahrhundert gemeldet, bis man dann 1689 das gesamte Schiff mit Ausnahme der nördlichen Längsmauer abbrach und nördlich davon, unter Einbezug dieser Mauer, einen Neubau erstellte. Den Turm liess man stehen, doch wurde er erhöht. Sein Erdgeschoss ist identisch mit dem Chor der früheren Kirche. Heute bildet das quer zum Hang gestellte Gotteshaus mit dem Pfarrhaus und dem Speicher eine sich harmonisch in die Landschaft einfügende, einheitliche Baugruppe.

Weithin sichtbar im Land ist die Kirche von Leutwil, die erstmals 1273 urkundlich erwähnt wurde. 1615 nach Einbeziehung der Gemeinde Dürrenäsch in die Kirchgemeinde hat man an dem ursprünglich romanischen Gotteshaus eine Erweiterung des Schiffs nach Westen vorgenommen. 1761 musste man wegen Einsturzgefahr die Westmauer neu aufführen und das Vorzeichen auf dieser Seite erneuern. Ende des 19. Jahrhunderts wurden die bisherige Apsis und der Dachreiter abgebrochen, das Gotteshaus nach Osten erweitert und an der Südseite ein neuer Turm errichtet. Heute findet man auf einer nach drei Seiten abfallenden Moränenzunge einen schmalen, langgestreckten Bau unter durchgehendem Dach. Zu erwähnen sind im Innern Wandmalereien aus dem 13. und 15. Jahrhundert wie Kain und Abel oder die Klatschweiber. Im Dachstuhl des nordseitigen Vorzeichens werden zwei Pestsärge aufbewahrt.

Als Kleinod besonderer Art muss die katholische Pfarrkirche St. Josef der kleinen Lindenberggemeinde Bettwil bezeichnet werden. In Bettwil gab es bereits Ende des 15. Jahrhunderts eine Kapelle, die 1717 vergrössert und 1729 neu gebaut wurde. 1761 erhielten die Bettwiler nach langen Bemühungen eine eigene Kaplanei und machten sich sofort an die Planung einer Kirche. Diese wurde 1788/89 von Franz Joseph Rey aus Muri errichtet. Die alte Kapelle hat man dabei abgerissen, sie lieferte teilweise das Baumaterial. Das Bettwiler Gotteshaus, ebenfalls erst vor einigen Jahren vollkommen restauriert, präsentiert sich heute als schlichter Saalbau, in den der lediglich flach abgeschrägte Chor einbezogen ist. Im Innern findet man einen hellen, spätbarocken Raum von schlichter, aber um so eindrucksvollerer Schönheit, in dem die Seitenaltäre diagonal zum Grundriss stehen. Das Vorzeichen wurde 1855 umgebaut.

Die Bärenkreuzung in Seengen dominiert der Burgturm, eine ehemalige Untervogtei mit der Jahrzahl 1578. Es handelt sich dabei um einen spätgotischen, zweigeschossigen Wohnbau, der erst in neuerer Zeit erweitert und erhöht wurde. Teile des Mauerwerks stammen von einem noch wesentlich älteren Wohnturm, der – so wird vermutet – vor 1440 von Rudolf von Hallwil errichtet und einige Zeit auch bewohnt wurde. Im Erdgeschoss des Burgturms, der heute als Restaurant dient, ist seit 1982 die Steinzeitwerkstätte der Historischen Vereinigung Seetal und Umgebung untergebracht. Sie vermittelt einen informativen Einblick in die Lebensgewohnheiten der Urzeit und beherbergt eine Fülle interessanter Fundgegenstände aus der Region.

Die Liegenschaft Brestenberg in Seengen, heute Schlosshotel, wurde 1622 von Dekan Samuel Gruner an den Junker Hans Rudolf von Hallwil verkauft, der 1625 einen weitgehenden Um- und Neubau des Wohnhauses veranlasste. Durch Erbschaft und Heirat kam der Besitz 1709 an das Haus Breitenlandenberg, welches 1710 ein stattliches Ökonomiegebäude errichten liess. Johann Ludwig von Breitenlandenberg tauschte dann 1760 den Brestenberg gegen die Liegenschaft Eichberg ein, die im Besitz von Major V. D. von Guomoes war. Später wechselte das schlossartige Gebäude mehrmals den Inhaber, bis es 1844 von Dr. med. Adolf Erismann erworben wurde, der darin eine Kaltwasserheilanstalt einrichtete, die sich innerhalb kurzer Zeit eines sehr guten Rufes weit über die Landesgrenzen hinaus erfreute. 1911/12 wurde das Herrenhaus durch einen Anbau erweitert.

Die heutige Kuranstalt Eichberg, von der man einen herrlichen Blick auf den Hallwilersee hat, wurde erstmals als Steckhof im Jahre 1346 urkundlich erwähnt. Es handelt sich vermutlich um den Stammsitz eines im 13./14. Jahrhundert im habsburgischen Städtchen Bremgarten zu hohen Ehren gelangten Herrenbauerngeschlechtes. 1389/1404 erwarben die Herren von Hallwil den hochgelegenen Hof, der aber dann vom 18. Jahrhundert an mehrmals den Besitzer wechselte.

An die Herrschaft früherer Zeit erinnert in Fahrwangen der Richtplatz mit einer Brunnenanlage mit Brunnstock, der die Wappen Breitenlandenberg und Effingen trägt. In der Nähe liegen drei wappengeschmückte Marksteine mit den Jahrzahlen 1598, 1703 und 1735. Eng verknüpft ist der Richtplatz mit der Sage von Königin Agnes, die alljährlich hier zur Sühne ihre Füsse im Maitau badet, nachdem sie 1309 im sogenannten Blutrachekrieg durch Herzog Leopold 63 Dienstleute des Ritters von Balm, eines Mörders König Albrechts, hatte enthaupten lassen.

Erwähnenswert sind in der Region um den Hallwilersee noch zwei Liegenschaften in Hallwil und Boniswil. Da ist zunächst in Hallwil das Herte-Haus, 1797 von Unterleutnant Melchior Gloor erbaut. An ihm findet man eine originell skulptierte Platte mit dem Berner Wappen zwischen zwei schreitenden Löwen unter einem Haupt mit Krone und die Inschrift «M G 1797». 1918 stillgelegt wurde die Mühle in Boniswil, erstmals 1429 urkundlich erwähnt. Am Portal des ländlichen Wohnhauses ist ein schmiedeeisernes Oberlichtgitter mit Rocaille und dem Monogramm JAB angebracht.

Aus der Geschichte

Bereits die mittlere und die jüngere Steinzeit haben in der Region um den Hallwilersee ihre Siedlungsspuren hinterlassen. So fand man in Seengen Feuersteinwerkzeuge, Siedlungsnachweise in Beinwil am See und Birrwil, Grabhügel in Fahrwangen sowie vor allem Pfahlbauten bei der Seerose und vor dem Erlenhölzli in Meisterschwanden. Relativ dicht besiedelt war das Gebiet auch in der Römerzeit, an die noch Reste von Gebäuden in Birrwil, Fahrwangen und Seengen erinnern. Entsprechende Funde taten auch kund, dass in der Bronzezeit am Ausgang des Hallwilersees eine Moorsiedlung bestanden haben muss. Eine alemannische Hinterlassenschaft existiert zur Hauptsache in Gräbern und Siedlungsresten in Leutwil, Seengen und vor allem in Seon.

Als erste Gemeinde des Gebietes wird 831 Fahrwangen als Farnowanch erwähnt. Geschichtlich voll erfasst wurden dann als Landesherren der Region erstmals die Herren von Lenzburg, deren Besitz sich über das ganze Land erstreckte. 1173, nach dem Tod des letzten Lenzburgers, der sich bei den Hohenstaufen grossen Ansehens erfreute, ging der Besitz an die Grafen von Kyburg über. Sie gründeten die Städte Lenzburg, Mellingen und Aarau und führten die Ämterverfassung ein, nach der der Hauptteil des Aargaus zum Amt Lenzburg gehörte. Dieses Amt blieb auch unter der späteren Herrschaft der Habsburger wie der Berner bestehen, allerdings in unterschiedlicher Grösse.

Die hohe Gerichtsbarkeit wurde stets von den auf der Lenzburg residierenden Herren wahrgenommen, das Niedergericht der meisten Dörfer lag vom 13./14. Jahrhundert an in den Händen des niederen Adels und der Kirche. Erschüttert wurde die Grafschaft Lenzburg durch die Bauernbewegung von 1653 sowie die Glaubenskriege von 1656 und 1712. Nach dem Zusammenbruch Berns im Jahre 1798 wurde der Kanton Aargau geschaffen, die ehemalige Landvogtei Lenzburg in die Bezirke Lenzburg, Aarau und Kulm unterteilt; eine Massnahme, die nach 1803 beibehalten wurde.

DIVIETO
È assolutamente proibito
nella vigna come pure il
uva nella stessa.
I colpevoli saranno puniti
multa da Fr. 5.- sino a Fr. 20
tassati per il risarcimento
VERBOT.
Das Betreten der
Weinreben ist bei
einer Busse v. fr. 3.-15.
nebst Schadenersatz
verboten.
Der Gemeinderat.

59/60

Zu den Bildern

1	Frühling in Aesch im luzernischen Seetal
2	Ausfluss des Aabaches bei der Risle
3	Bootssteg bei Tennwil
4	Seerose im Naturschutzgebiet am untern Ende des Hallwilersees
5	Ein Beispiel der originellen Bade- und Bootshäuschenarchitektur am Hallwilersee
6	Pferdekoppel in Boniswil
7	Ehrenzeichen eines Seetaler Kavalleristen
8	Fruchtbare Felder im unteren Seetal
9	Dreisässenhaus im Dorfbann von Egliswil
10	Ein Paradies für Wasservögel
11	Die Klatschbasen aus der Kirche Leutwil
12	Flurkreuz in Sarmenstorf
13	Arbeit und Freizeit auf dem Homberg, dem «Aargauer Rigi»
14	Kirschen, die typischen Früchte des Seetals
15	Kirche Birrwil
16	Licht- und Schattenspiele an einem Sommertag am See
17	Hansjakob Suter, Konservator von Schloss Hallwil
18	Das Wasserschloss Hallwil, Stammsitz der Grafen von Hallwil, heute beliebtes Ausflugsziel
19	Das Hochzeitsbild im Schlosshof
20	Reizvoller Ausblick durch ein Fenster der Schlossmauer auf den Aabach
21	Der Turm der Kirche von Seengen
22	Eingang zum Haus «Herti» in Hallwil
23/24	Bäuerliche Gestaltungsfreude im luzernischen Aesch
25	Ölmühle in Dürrenäsch
26	Zigarrenfabrik in Beinwil
27	Portrait eines Seetalers
28	Blumengeschmücktes Bauernhaus in Tennwil
29	Erholung in der Vermassung? Campingplatz in Mosen
30	Windsurfen am Hallwilersee
31/32	Segelregatta auf dem Hallwilersee

33	Bootsfahrt auf dem Aabach
34/35	Der Hallwilersee zählt zu den schönsten Erholungsgebieten des Aargaus
36	Stilleben in einer Badeanstalt am See
37	«Seemann» auf einem der Hallwilerseeschiffe
38/39	Der Hallwilersee, die «Sonnenstube des Aargaus», ist ein beliebtes Ausflugsziel
40	Die Bootswerft in Beinwil
41	Das Riedgebiet der «Risle» wurde unter Naturschutz gestellt
42	Segelboote auf dem luzernischen Teil des Hallwilersees
43	Wirtshausschild, ein «Zeichen der Gastlichkeit», in einem Seetaler Dorf
44	Die Fischbeiz am See in Birrwil: die «Schifflände»
45	Gotthold Fischer, Berufsfischer, reinigt Reusen
46	Die Blesshühner gehören zu den am meisten vorkommenden Vogelarten am Hallwilersee
47	Fischen als Freizeitbeschäftigung
48	Der Bootshafen von Seengen am untern Ende des Sees
49	Der Sitz einer ehemaligen Strohfabrikantendynastie
50	Kisten- und Palettenfabrik Holliger, Boniswil
51	Häusermann AG, Möbelfabrik, Seengen
52	Stielfabrik Urech, Hallwil
53	Färberei Fehlmann AG, Birrwil
54	Haerry & Frey, Glas und Spiegel, Beinwil
55	Mechanisierte Landwirtschaft, ein Zeichen der Zeit auch im Seetal
56	Die Trauben reifen...!
57	Nehmen erlaubt? Draufstehen verboten!
58	Traubenlese im «Ghei» bei Seengen
59	«Wirthschaft» Holliger-Sämi in Seengen
60	Pflügender Bauer bei Hallwil
61	Der Bauerndichter Friedrich Walti, Dürrenäsch
62	Herbstabend am Hallwilersee
63	Konzert in der Kirche Seon
64	Markttag in Seengen

65 Winterliches Stimmungsbild vom Hallwilersee

66 Viehmarkt in Seengen

67 Jahreskonzert der Musikgesellschaft Seengen

68 Dorftheater in Leutwil

69 Die «Fortuna» auf dem «Trockendock»

70 Winterstimmung bei Beinwil

71 Geisseln, unentbehrliches Requisit beim Chlauschlöpfen in Hallwil

72 Chlausjagen in Hallwil

73 Mittwinterbrauch in Hallwil: «sWienechtchind»

74 «De Hobelspönler», eine Bärzelifigur aus Hallwil

75 Silvesterdreschen in Hallwil

76 Hallwilersee-Gfrörni im Winter 1980/81

77 Verschneiter Wald auf dem Lindenberg

78 Winterlandschaft auf dem Güggeliberg

Stapfer Bibliothek, Band 2

**900 Jahre Frauenkloster St. Martin
Hermetschwil**

von Anita Keller und Martin Lehner

Stapfer Bibliothek, Band 3

Fricktal
1. Teil: Bezirk Rheinfelden

von Arthur Heiz, Ursi Schild und Beat Zimmermann

Stapfer Bibliothek, Band 4

Fricktal
2. Teil: Bezirk Laufenburg

von Arthur Heiz, Ursi Schild und Beat Zimmermann

Stapfer Bibliothek, Band 5

Bräuche im Aargau

von Ulrich Weber und Heinz Fröhlich